Thamiris Campana

Quando Deus restaurou meu casamento

Uma história pra Sua glória

Ases da Literatura

Preparo de originais: Laura Dias
Revisão: Lilian Ferraz
Diagramação: Madalena Araújo
Capa: Hugo Breves

CIP-BRASIL CATALOGAÇÃO NA PUBLICAÇÃO
SINDICATO NACIONAL DE EDITORES DE LIVROS, RJ

Campana, Thamiris
Uma história pra sua glória/ Thamiris Campana

Rio de Janeiro: Ases da Literatura 2021.

14 X 21 cm

ISBN: **978-65-89952-18-3**

Literatura brasileira. I. Título

CDD: 869.93

Editora Ases da Literatura
www.asesdaliteratura.pt

Dedicatória

Jesus Cristo, autor e consumador da minha fé.
Razão da minha vida e promotor da eternidade.

Tudo por Ele, por meio dEle e para Ele.

Agradecimentos

Aquele clichê que quase todos, quando ganham algo, dizem: primeiramente a Deus. Sim, esse livro nasceu primeiro no coração dEle.

Ao meu esposo e parceiro da vida, Dú. Àquele que mais desenvolve Cristo em mim (leia isso com emoção ou humor, ambos são reais!).

Aos meus pais por me ensinarem o caminho.

Aos meus primos e pastores, Andrigo e Rapha, por cuidarem e serem instrumentos de Deus nas nossas vidas.

A Ana, minha melhor amiga, por estar sempre ao meu lado, principalmente nos momentos de maior dor.

A minha igreja, Batista Vida Nova, por me edificar tanto e proporcionar todas as ferramentas necessárias para o meu crescimento.

Prefácio

Tenho certeza de que você não chegou a este livro à toa e sim porque quer descobrir o propósito da sua vida, encontrar respostas para as suas perguntas ou simplesmente por gostar do conteúdo da Thata (para os íntimos) e querer conhecer mais sobre a sua vida que, diga-se de passagem, é emocionante.

Independentemente de qual seja a razão para você estar aqui, tenha em mente que você será tremendamente edificado e, por que não dizer, renovado em sua fé?

Cada página escrita nessa história prova para mim e para você que a especialidade de Deus em transformar o mal em bem não mudou nem com o passar de milhares de anos. Ele pega nossa vida trágica, cheia de traumas, falhas, incredulidades e, à medida que permitimos, dá Sua direção. Foi isso que Ele fez na vida e no casamento dela e é isso que Ele quer fazer na sua vida, se você permitir.

Por isso, abra o seu coração e prepare-se para passear pelas páginas da intimidade de alguém que se permitiu conhecer a Deus verdadeiramente, abriu-se para o impossível e viveu o sobrenatural, te atraindo, dessa forma, até aqui para o que realmente importa: estar mais perto do nosso Pai.

Raphaela Campana do Nascimento
(Pastora da Igreja Batista Vida Nova, base de Valinhos)

Sumário

Introdução

Bom, eu sou daquelas que não têm muita paciência para ler Prefácio e Introdução, então chegar até aqui já teria sido um marco. Portanto, vou ser bem objetiva!

03 de maio de 2020

O culto foi exclusivamente online. Estávamos em meio à pandemia da Covid-19. Eu e o Dú (meu marido, você me verá chamando-o assim no decorrer deste livro), estávamos lá, pois servíamos na mídia, fazendo a transmissão dos cultos. A propósito, a transmissão já havia sido encerrada e o pastor, que é meu primo e tem um papel fundamental nessa história toda, disse o seguinte: "Ao entrar na igreja hoje, passando ao lado da prateleira dos livros, eu olhei para um deles e vi claramente a foto da Thamiris na capa. Eu não via a foto da escritora original do livro, eu só via a Thamiris. E Deus me disse: Avisa a Thamiris que é para ela escrever um livro.".

Pois é, aqui estou eu.

A verdade é que Deus já tinha colocado esse desejo no meu coração há um tempo, cheguei até a orar por isso! Mas, sinceramente? Acreditava que, se acontecesse um dia, seria por volta dos 50 anos de idade. Hoje, eu entendo, Deus não tem tempo a perder. Suas filhas precisam disso.

CAPÍTULO 1
A Thamiris que poucos conheceram

Eu nunca fui das mais comunicativas no meu grupo de amigos. Sou daquelas que, se eu não tenho muita intimidade, sair comigo é terrível, porque não sei puxar assunto e mantenho aquele silêncio desconfortável com sorrisinhos forçados.

Quando criança, eu era levemente ambiciosa. Já quis ser modelo, atriz de malhação, ensaiava falas no chuveiro, analisava a naturalidade dos atores na TV. Mas, tudo isso só ficava na minha mente.

Na transição da infância para adolescência, eu fui acometida de uma doença alérgica nunca diagnosticada. Ali, aos 11 anos de idade, minha forma de me enxergar e de enxergar a vida, meus sonhos e expectativas, mudou. Eu tinha 90% do meu corpo manchado. E, quando eu digo manchado, é manchado mesmo. Manchas vermelhas, espalhadas pelo meu corpo todo. A alergia só poupava a face, palma das mãos, joelho e planta dos pés. No mais, havia manchas em todos os lugares que você pode imaginar.

Foto adolescente

Nessa época, meus pais já eram cristãos, aliás, graças a Deus por isso! Tenho flashs da minha infância, da minha mãe indo buscar meu pai em bares. Ele realmente dava trabalho, não só com bebidas, mas com outras drogas ilícitas. Graças a Deus pela vida do Alexandre e da Karina, que os levaram para uma célula quando eu tinha uns 6 anos de idade e, a partir daí, tudo mudou. Mas, voltando, nessa fase da doença já éramos cristãos.

A igreja que nós frequentávamos, no início, era pentecostal e sempre recebia pregadores de fora com unções específicas, inclusive de cura. Não sei contabilizar para você quantas vezes algum pastor, que eu nunca vi na vida, impôs as mãos sobre a minha cabeça e disse: "Sê curada em nome de Jesus."

Eu era uma criança e estava, consideravelmente, assustada com tudo isso. Afinal, passei dias e dias em uma universidade de medicina, deitada sem roupa em uma maca com 20 alunos me examinando e chegando sempre a mesma conclusão: não tem diagnóstico. Enfim, os pastores oravam, eu dizia amém, voltava para o meu lugar e a primeira coisa que eu fazia era levantar um pedacinho da minha calça e da minha blusa de frio para ver se as manchas realmente haviam desaparecido. E nada.

Para ser sincera, eu cresci um pouco fria e cética depois de tudo isso. Não entendia o que eu tinha feito pra Deus, porque Ele não queria me curar. Eu só queria poder frequentar uma piscina com meus primos, usar vestido na igreja, bermuda na escola... Assim vivi toda a minha adolescência: me escondendo, para ser fisicamente aceita, e ignorando a existência de um Deus. Ignorando, mas não duvidando. Eu sabia, de alguma forma, que Ele era real, mas já que Ele não queria me ajudar com o que eu precisava, então, na verdade, eu não precisava dEle pra mais nada. Ali, logo cedo, criou-se minha independência do Senhor.

Os anos foram passando e eu fui me tornando cada vez mais fechada e na minha. Em casa, já não era mais a mesma coisa com os meus pais, que também cansaram de me levar a tantos médicos e nunca resolver nada. Inclusive, lembro que, nesse período, eles também deixaram de frequentar a igreja. Na escola, eu tinha um grupo seleto de amigas e dificilmente me abria para a galera. Lembro de detalhes como, por exemplo, todas combinando de ir de Melissa transparente e eu indo de meia. *A Thamiris é estranha, né?*, pensavam, com certeza.

Lembro de um dia em que um garoto estava entregando uma folha de exercícios para a sala toda, estava quente e eu tinha tirado a blusa de frio. Ele veio me entregar a folha e viu a parte interna do meu braço, que estava apoiada sobre a mesa, toda manchada. Ele jogou a folha e gritou bem alto: "Credo, olha o braço dela! ". Eu tentei de tudo. Já tentei lixar minha pele para ver se raspando "crescia uma nova no lugar", já usei duas meias-calças para sair com uma calça capri, pensando assim, não ser notada. O tempo foi passando, as manchas diminuindo, mas nunca sumindo. E, talvez, você aí esteja se perguntando como tudo isso vai levar ao assunto central deste livro. Bom, você já vai entender...

Já deu para perceber que, por conta disso tudo, a autoestima passou a quilômetros de distância de mim, né? O maior sonho de toda adolescente cristã é casar e ter uma família. E o maior medo de toda adolescente cristã é nunca casar e não ter uma família. Sim, quando somos superficiais e religiosas, tudo se resume a isso. E adivinhem? É lógico que, na minha cabeça, isso nunca aconteceria comigo, porque para casar, ele teria que saber que sou daquele jeito e, sabendo disso, não casaria comigo! Óbvio.

Então, eu perdi todo valor e amor próprio que eu poderia ter. Ninguém nunca me aceitaria, ninguém nunca iria me querer assim, então, quando acontecia de algum rapaz se encantar comigo, eu entregava tudo, ou quase tudo, a ele. Digo tudo, porque eu entregava meu coração, sem reservas, a ponto de eu perder o sentido da vida se, porventura, não desse certo, como realmente não deu algumas vezes.

Já namorei um rapaz de outra religião e não deu certo. Diziam-me para não entrar em jugo desigual mas, "hello-ow, ele é menino e me ama!". Já namorei meu melhor amigo da igreja, mas justamente por não ser segura de mim mesma, eu o enlouqueci. E também já me envolvi superficialmente com outros rapazes em busca de aceitação e conforto no ego ferido.

Eu era aquela menina passivo-agressiva. Eu tentava parecer intelectualmente superior para desfocar do físico. De tanto me esconder, eu criei um muro de defesa ao meu redor e, para não ser atacada, eu iniciava os ataques. Eu era chata.

O tempo foi passando. Comecei a trabalhar com 16 anos, fazer faculdade com 17. Fui amadurecendo aos poucos. Nessa fase, descobrimos uma pomada que, embora prejudique muito a saúde da pele, fazia as manchas sumirem em alguns dias. Então, eu passei a me esconder por outro motivo. Dessa vez, só para evitar os comentários do tipo: "Nossa, como você é branca, vai tomar um sol!". Mas, eu já estava acostumada com o fato de "precisar" me esconder. Hoje, inclusive, eu entendo que tudo isso foi por amor. Foi para me preservar. Foi para me esconder. Sabe lá Deus o que teria acontecido comigo, aos 15 anos de idade, fora da igreja, fisicamente saudável, emocionalmente também. Hoje, eu entendo o propósito maior de todas coisas.

CAPÍTULO 2

Os mantos e profecias

Na minha adolescência dentro da igreja, eu participei de muitos acampamentos, retiros, congressos e afins. Lembro, não tanto como eu gostaria, do acampamento de 2008. Eu estava com 16 anos e meu namoradinho, que era de outra religião, me acompanhou. Depois da Palavra do sábado à noite, dada por um profeta "canela de fogo", começou a acontecer algo estranho. Adolescentes sendo batizados pelo Espírito Santo, algumas revelações acerca de uns jovens. Nesse momento, meu namorado e o primo se trancaram, por medo, no banheiro (risos). E eis que o profeta vem em minha direção. Eu não me lembro o nome dele. Mas o rosto, jamais esquecerei.

Eu não estava sendo tocada, eu não estava sentindo nada. Estava até um pouco assustada também, mas familiarizada, até certo ponto, com o mover. Ele veio até mim e começou a dizer coisas que não pareciam fazer muito sentido ali. Disse muito sobre rejeição. Mas, eu tive dificuldades de compreender porque ele chorava copiosamente, segurava nas minhas mãos, olhava nos meus olhos e chorava, chorava, chorava. Abraçava-me e chorava. Eu não entendi nada. Hoje sei que, talvez, ele teve uma noção do que estava por vir, do que eu teria que enfrentar para que o propósito de Deus se cumprisse em minha vida.

E assim sucederam os acampamentos seguintes. Incrível. Sempre vinha um pregador e RATATATÁ para a Thamiris. Cara, como eu queria ter anotado tudo! Não o fiz e me arrependo.

Em 2010, só me lembro de um deles dizer que Deus tinha coisas grandiosas para realizar na minha vida. E na minha baixa expectativa, coisas grandiosas eram eu casar com um rapaz da igreja, logo depois de me formar na faculdade, ter filhos um ano depois e ter um emprego que não me deixasse passar por necessidades. Pronto, essa era a minha expectativa de coisa grandiosa!

Mas, antes que você pense que eu sou um imã de profetas, vou encerrar com a terceira e última profecia, porém, não a menos importante. Era numa terça-feira, dia 30 de agosto de 2011. Eu já trabalhava na área em que estudava, era Analista de Marketing de uma empresa bem legal e, naquele dia, eu tinha ido a São Paulo para gravar alguns vídeos para o canal no YouTube da empresa (alguma semelhança com hoje? Ok, retomando). Eu cheguei já eram quase 21h da noite. Meu outro namoradinho (aquele que eu disse que era da igreja e eu o enlouqueci) foi me buscar. Eu estava sem a chave de casa e meus pais estavam na igreja, era dia de culto. Fui até lá. Meu namorado ficou no carro e eu desci com o seguinte plano: "Vou pedir para a diaconisa que está na porta pegar a chave com o meu pai. ". Porém, quando eu coloquei o pé na porta, o pregador, que não era o nosso pastor e sim um homem que eu nunca tinha visto na vida, parou tudo e disse: "Ei, você! Você mesmo moça que está aí na porta! Venha até aqui à frente, por favor".

Juro, eu senti meu rosto queimar, mas não sabia se era mais de vergonha ou de ódio. Eu caminhei em passos lentos enquanto pensava: *Aff, lá vem, vai falar o quê? Nem transar eu transo. Trabalho, estudo. Me deixa em paz!*.

Provavelmente, Deus não mostrou a ele os meus pensamentos, porque ele foi muito gentil. Ele disse que, olhando para mim, via um contrato e neste contrato estava escrito PUBLICIDADE. Via também a palavra Campana, ou seja, o curso que eu estava fazendo e o meu sobrenome.

Bingo! Ele ganhou minha atenção ali. Eu já levantei minhas mãos como quem fosse receber algo de Deus. E quando eu achava que já estava ótimo, afinal, ele disse que esse contrato mudaria minha vida por completo, daria um SALTO na minha vida (acredite, ele disse isso com muita empolgação!). Ele, então, continuou: "Eu também vejo você ministrando em vários lugares, seminários, congressos, acampamentos... Deus te usará na área sentimental.".

Na hora, eu pensei: *Ok, vou casar virgem com um servo de Deus, ter filhos e uma família feliz. Essa será a história que eu vou ministrar* (sem saber que eu levaria um pé da bunda do meu namorado crente, dois meses depois). Eu não dei importância para essa parte. Aliás, eu só lembrava dela quando algo na minha vida amorosa dava errado. Nunca imaginei que a primeira parte estaria relacionada com a segunda. Eu pensava que o tal contrato seria um CLT para uma agência de publicidade. Risos. Como me faltava conhecimento da grandeza de Quem me prometia.

CAPÍTULO 3

Onde o Dú entra nessa história

Ah, o Eduardo! (gargalhadas). Como falar sobre ele sem criar muita expectativa e você tomar um balde de água fria daqui alguns capítulos? (risos).

Nós estudamos juntos no último ano do Ensino Médio. Só no último, porque eu mudei de escola para ficar perto do meu ex-namorado. E ele mudou, porque teve que trocar de horário e não encontrou disponibilidade onde estudava.

Alguns amigos que, inclusive temos contato até hoje por conta do Reino (!), sempre nos lembram dele, na sala de aula, me "cercando". Realmente, eram os olhos de Deus sobre ele, há-há-há. Eu não tinha nada demais. Mas, ele sentava perto, puxava assunto, me acompanhava até em casa de bicicleta, enquanto eu ia a pé sozinha, à noite, porque era perigoso. Um certo dia, resolvi ceder e dar um beijo nele. Foi voltando da escola, depois das 22h da noite, em uma viela de um bairro de Campinas chamado Tamoio. Ali, eu dei o pior beijo da minha vida até então. Não foi só pelo cenário bizarro que eu descrevi, mas porque foi péssimo mesmo, nada a ver.

O ano letivo acabou e perdemos contato. Três anos depois, estou em um hipermercado com minhas duas melhores amigas (eu disse que era seleta!), voltando da faculdade, e ali, na praça de alimentação, eu o avisto de longe, sentado numa mesa com mais dois amigos e tomando uma torre de chopp. De longe, eu disfarçadamente comentei: "Nossa, eu já fiquei com aquele menino ali.". Ele também fez a mesma coisa com os amigos. Acenei de longe e fui embora. Cheguei em casa e adivinhem? Tinha um convite de nova amizade no Facebook. Ali, acabou a minha vida, (risos).

Ele estava mais determinado do que nunca a se aproximar. Lembro que nosso primeiro "date" foi no portão de casa. Meus pais estavam no culto e eu tinha combinado com as minhas amigas de me mandarem um SMS quando começasse o ofertório, porque era antes de encerrar o culto. Ali, entre o portão e a Filó (nome da van que meu pai tinha), nós ficamos e eu tive a má impressão daquele primeiro beijo horrível, mudada.

A verdade é que isso foi no fim de 2011 e eu passei o ano de 2012 inteiro o enrolando. Eu não queria namorar, pois tinha percebido que, no mundo, eu era sim aceita e desejada. Eu estava gostando de sair e de chamar a atenção de outros caras. Aquilo estava trazendo um conforto que parecia compensar todos os outros anos anteriores "perdidos".

Alguns domingos depois, chego para o culto e quem está lá? O Dú. Dali para frente o jogo virou. Eu me afastei da igreja e ele firmou. Batizou, fez amizades, se envolveu em ministério e tudo mais. Então, um ano após o nosso reencontro, eu disse sim.

Fui um pouco pressionada, confesso. Afinal, ele saltou de paraquedas com uma placa, tirou uma foto e postou no Facebook: "Namora comigo?", me marcou, 300 pessoas curtiram e 200 comentaram: "Diz que sim!", e, bom, eu disse sim. Eu tinha aprendido a gostar dele.

Dú era um fofo. Estava sempre comigo, se importava, me presenteava, demonstrava carinho em público. Já no começo, tive uma experiência ruim que demonstrava uma falha de caráter, mas optei por relevar (troca o fundo musical de romance para drama).

Mas um ano depois, um novo deslize envolvendo conversas de WhatsApp que deixaram mais do que clara essa falha. Sofri por uns dias, mas novamente, resolvi relevar. A dor de me imaginar sem ele era maior do que a que estava sofrendo pelo o que vi e li. Mal sabia que aquilo havia gerado um trauma em mim que me acompanharia por anos.

Diante dessa nova oportunidade, ele teve a brilhante ideia de me pedir em casamento. Chamou-me para andar de balão em uma cidade próxima. Estava tudo programado. As alianças, a carta e o pedido. Chegando lá, como era voucher de site de compras coletivas (perdendo o glamour da experiência em 3, 2, 1...), tinham mais 20 pessoas no mesmo cesto e, segundo ele "ficou com vergonha". Eu não desconfiava.

Pousamos, todos desceram e ele quis ficar por último. Ele desceu. Na minha vez de descer, como o cesto era alto e eu estava nervosa pela experiência, me deu cãibra na coxa. E ali, agonizando de dor e travada no chão gramado, ele disse: "Não saiu como eu planejei. Mas, quer casar comigo?".

Sinceramente? Não lembro se ele ajoelhou e se eu me emocionei. A dor da cãibra era enorme. Eu aceitei e, levando em consideração o pedido de namoro, ainda brinquei: se rolar divórcio, vai ter que pedir lá da lua!

Na mesma época, começamos a ir atrás de apartamento. Um detalhe que não é tão detalhe assim e, na verdade, bem importante, nós não tínhamos relações sexuais. Eu era virgem. Não por decisão própria, mas creio que de Deus mesmo. Eu tentei inúmeras vezes ter uma relação sexual com ele, mas o temor que havia dentro de mim era inexplicável. Eu não gostava de ser virgem, eu não queria ser virgem, eu tinha vergonha diante das minhas amigas por ser virgem, eu tentava burlar e mudar isso, mas simplesmente não conseguia! Mais uma vez, vejo Deus me amando e me preservando. Ele é soberano em todos os detalhes desse plano.

CAPÍTULO 4

O pé 43 na bunda

Apartamento comprado. A essa altura eu estava completamente apaixonada e fazendo mil planos na minha mente de um futuro perfeito. Eu contava com o Dú para tudo. E a sensação de "futuro garantido" me trazia um alívio e uma falsa sensação de paz na alma. De repente, e o uso desse termo é bem apropriado porque não teve causa ou indícios aparentes, de repente, meu noivo começou com um papo de: "Não sei se é isso que eu quero pra mim."

Ele havia tocado nesse assunto algumas vezes e eu começava a surtar e chorar compulsivamente, o que só adiou o que vocês podem esperar. Até que chegou um certo dia em que, sei lá de onde, eu tirei uma grama de amor próprio escondida em algum lugar e disse: "Ok!". Ele queria "um tempo para pensar".

Em um sábado, saímos juntos para um show de reggae. Foi horrível, porque embora estivéssemos juntos, eu sabia que era a última vez. Ele me deixou em casa, me deu um beijo no rosto e simplesmente disse: "Tchau! ". Depois disso, não nos falamos mais. Nem mensagem, nem ligações.

O cara que eu nem gostava no começo, que saltou de paraquedas para me pedir em namoro, depois de um ano que eu me esquivava, que comprou um apartamento e me pediu em casamento em um rolê de balão, havia acabado de me dispensar com a desculpa de "não sei se é isso que eu quero para mim."

A partir daí, não preciso nem detalhar como foi, né? Uma semana sem conseguir comer, cara inchada no trabalho com todos me perguntando o que houve. Eu me vi sem chão. A ideia de ter que começar no zero sem ter alguém para começar do zero era assustadora. O que eu havia feito de errado?

Após pouco mais de uma semana, eu havia acabado de voltar de um culto, era um domingo à noite. Estava finalmente mais calma, uma amiga estava em casa para me distrair, quando, de repente, recebo uma mensagem dEle. Era uma música do Criolo que chama "Ainda há tempo", no caso, seguido de um ponto de interrogação.

Nessas horas, eu penso como faltou malícia em mim! Um pouco antes de terminar comigo, ele postou um trecho dela em todas as redes sociais possíveis, até em status do WhatsApp: "Quem tem noção das coisas, sente o peso da maldade". Mas, eu estava completamente cega.

Sim, eu cedi, obviamente. Nós voltamos e voltamos com tudo. Por medo de perdê-lo, adivinhem o que eu fiz? Orei uma única vez dizendo "Senhor, eu sei que o Senhor disse que vai me usar na área sentimental, mas eu te peço, por favor, desista de mim. EU NÃO QUERO O SEU PLANO. Eu só quero dar certo com ele e eu não quero mais ser virgem. Por favor, me esqueça.". E assim foi. Entreguei-me para ele. Começamos a ter relações sexuais, e isso me deixava mais segura em relação a não perdê-lo novamente. Pegamos a chave do apartamento, iniciamos as reformas e mobílias e, enfim, casamos.

Eu queria o vestido branco na igreja, cabelo solto com babyliss e tiara. E ele sempre desconversava. Na verdade, ele deixava claro: "Eu não vou casar na igreja!". E eu, mais uma vez, abri mão de tudo para fazer à vontade dele. Casamos só no civil mesmo. Mudamos para o apartamento no mesmo dia.

CAPÍTULO 5

A vida de recém-casados

Foto: Machu Picchu - Peru

Bom, me desculpe se você esperava algum capítulo falando sobre o casamento. Pois é, para mim também foi frustrante. Num sábado de manhã qualquer, me maquiei e fui para um cartório.

Ah... a vida de recém-casados!

Uma merda! Perdoe o termo já que, tecnicamente, é um livro cristão.

Eu casei com a ideia de que os problemas que eu tinha no namoro, que eram difíceis de consertar, eu conseguiria no casamento. As falhas de caráter e o mau uso que ele tinha do celular e internet seriam melhorados no casamento. Afinal, ele não seria capaz de me magoar estando debaixo do mesmo teto, dividindo diariamente a mesma cama, né?

A verdade é que eu estava completamente, totalmente, iludidamente, lascadamente enganada! O casamento não é para consertar, é para desfrutar! Se está ruim antes, pode ficar pior depois. Ou você escolhe direito e semeia corretamente antes, ou vai lidar com as consequências de uma terrível colheita.

Nós brigávamos muito. Ele mantinha os deslizes de postura e caráter e isso me deixava cada vez mais paranoica. Eu não tinha paz. Eu sentia que devia controlá-lo para evitar que ele fizesse algo de errado. Eu queria exigir dele uma postura e um tratamento que não me magoasse. Ele, por sua vez, manipulava me fazendo acreditar que eu era a louca da história. Tínhamos uma relação completamente tóxica e eu não me reconhecia mais.

Aparentemente, estava tudo bem. A vida em si, material, era como eu sonhei. Tínhamos um apê fofo, um carro bom, empregos estáveis, não nos faltava nada materialmente. Conseguíamos fazer viagens regularmente, inclusive, nossas redes sociais, para quem via de fora, ilustravam a vida perfeita! Fotos em lugares paradisíacos, internacionais. Selinho em meio ao Deserto do Atacama, abraços em Macchu Picchu. Só quem viveu, viu.

Foto: Deserto do Atacama - Chile

Porém, em meio às fotos instragamáveis com centenas de likes, eu também postava frases comprometedoras, indiretas, coisas que quem tinha entendimento, sabia que eu estava amargurada. Eu não conseguia controlar o meu marido e quando ele me ofendia pessoalmente, eu tinha que ofendê-lo em público. Quando ele me desrespeitava nas redes sociais curtindo algo insinuante, eu postava algo me insinuando. Eu não me enxergava mais. Eu perdi todo o meu valor. Eu não agia mais por mim, e sim reagia pela dor.

A sensação de tudo estar indo por água abaixo sem que eu pudesse fazer nada era assustadora.

CAPÍTULO 6

Onde entram os crentes

Diante desse cenário que pintei para vocês, minha mãe, movida pela preocupação em me ver transtornada, decide fazer algo.

Eu tinha um casal de primos que eram cristãos. Tenho, aliás. A Rapha e o Andrigo. Cristãos de verdade, de amar vidas e servir o Reino. Eles eram de uma igreja da visão celular e minha mãe via o quanto eles entravam nas casas que precisavam de Jesus. Então, ela teve a brilhante ideia! Vou dizer a Thamiris que quero uma célula por causa do pai dela que não está bem e assim ela não vai rejeitar.

Cheque mate. Embora não demonstrasse, amo e me importo muito com os meus pais e aceitei sem relutar externamente. Aí você pode imaginar: *uau, eles começaram a ouvir sobre Jesus e tudo se transformou!*

Fué fué fué fuén... Foram dois anos ouvindo as Palavras de Vida e matando antes de entrar no coração. Entravam por um ouvido e saíam pelo outro. As instruções, os conselhos, tudo que era dito e podiam nos ajudar não tinham forças para entrar no meu coração ferido e no coração corrompido do Dú.

No fim desse período, o divórcio já estava sendo cogitado.

A gente só brigava. Eu só chorava.

O Eduardo levava o celular para o banheiro. Falava coisas estranhas à noite, enquanto dormia. Eu sabia que ele escondia coisas de mim e nessa busca neurótica para descobrir, eu comecei a adoecer. Lembrei de um livro que eu comprei, na época que reatamos o noivado, chamado *Amor e Respeito*, de Emerson Eggerichs. Na época, eu comecei a lê-lo, mas não fazia muito sentido pra mim, então parei. Retomei a leitura em meio a essa confusão, pelo simples desespero de não saber o que fazer, e quando eu lia os relatos de mulheres que foram traídas no livro, mas que perdoaram, eu chorava de medo e pedia "Deus, por favor, não me deixe nunca passar por isso.". Era Deus me preparando.

Acho importante ressaltar que enquanto eu lia o livro que eu citei, eu passei a orar diariamente: "Deus, meu marido diz que eu sou louca. Se eu realmente estiver, me cure, mas se eu não estiver, me mostre.". Eu não fazia ideia do poder que essa oração continha. Parece que Deus estava a postos, só esperando eu clamar por ajuda, porque depois disso tudo aconteceu muito rápido!

O livro trazia muitos versículos sobre casamento. Eu escrevi vários deles em papéis e espalhei pela casa. Paredes, portas, geladeiras, espelho. Inclusive Mateus 5:28:

Mas eu lhes digo: qualquer que olhar para uma mulher para desejá-la, já cometeu adultério com ela no seu coração.

Quando meu marido viu isso, surtou. Ofendeu-se e se sentiu ameaçado. Em meio a gritos e xingamentos, decidimos acionar cada um seu advogado.

CAPÍTULO 7

The house down

Por alguma razão chamada Espírito Santo de Deus, eu acionei minha prima. Aquela mesma da célula, a Raphaela! Eu sempre odiei demonstrar fragilidade. Nunca pedia ajuda de ninguém para nada e jamais falava dos meus problemas. Mas, naquele dia e naquela situação, eu senti um segundo de coragem e mandei uma mensagem:

Rapha, eu e o Dú decidimos nos separar. Já está certo, amanhã vamos cada um procurar um advogado. Senti de te falar porque você está há um tempo com a gente na célula e então não terá mais, é isso.

Direcionada pelo Espírito Santo, ela me pediu uma oportunidade para conversarmos. Ela comigo, e o Andrigo com o Dú. Eu, desesperadamente, porém incredulamente, aceitei.

Os dois ficaram em casa e ela e eu fomos a uma sorveteria.

Comecei a falar tudo o que estava acontecendo como expliquei aqui, somado ao estopim de que ele não queria me deixar ver as mensagens privadas que ele tinha no Facebook.

No dia daquela conversa, lembro de ter comido apenas 2 colheres de feijão e um pedaço de filé de frango. Nada descia. Eu estava muito, muito mal.

Por fim, eles acharam melhor juntarmos os quatro em casa e conversarmos.

Quando eu entrei dentro da minha própria casa, eu lembro de ter visto um Eduardo totalmente diferente do que deixei quando saí. Ele estava com cara de choro. Naquele momento, baixou uma "unção anestésica" em mim.

Eu estava ali, mas parecia que não. Eu sentia tudo em *slow motion*. A sensação era de que Deus estava com o meu coração nas mãos DEle, amortecendo o impacto do golpe que viria.

O Andrigo tomou a frente da situação e me disse o seguinte: "Thata, antes de tudo o que precisa ser dito aqui, eu quero te dizer uma coisa. É possível mudar essa situação, tem jeito, porém, vai doer muito. Se você disser que sim, é possível, mas esteja preparada para sofrer. Se você realmente não quiser mais, ok, nós dividimos tudo isso aqui, vendemos tudo e repartimos o dinheiro.".

É sério, eu estava muito anestesiada. Eu não conseguia esperar por nada, por mais óbvio que fosse.

Então, ele disse que o Dú tinha algo a me confessar.

Eu olhei nos olhos dele, que estavam cheios de lágrimas, e ele disse: "Eu te traí.".

E eu ali, congelada. Ele continuou: "com a Carminha[1] (a mesma em que ele conversava no Facebook e apagava o histórico) e tem mais, com a Paola Bracho[2]".

1 Nome fictício

2 Nome fictício

Ali, eu acordei.

"Com quem?", respondi. E ele repetiu o nome. Uma amiga minha que era da igreja, durante toda a minha adolescência. E ali, ele começou a sentir o alívio da confissão, o peso de anos carregando aquilo sendo liberado e começou a disparar: "Na época que eu quis um tempo, era porque eu havia pegado o número dela no seu celular e começamos a conversar. Nós saímos e aconteceu."

Eu estava tão atordoada, porque realmente nunca esperava por aquilo, que eu lembro de ter perguntado coisas aleatórias, detalhes nada a ver do tipo: "Com o meu carro?".

Eu não podia acreditar. Todo aquele tempo me guardando, achando que estava fazendo a coisa certa e ele com ela? Por que ela não me avisou? Por que não me disse que ele não era confiável? Por que deixou com que eu me casasse sem saber com quem estava me casando?

Eu não conseguia dizer nada, fazer nada, reagir com nada.

Minha prima me disse que eu poderia me separar, pois biblicamente havia respaldo para essa decisão. Mas, que ela me aconselharia buscar saber a vontade de Deus para minha vida, antes de tomar qualquer decisão.

Aquilo fez muito sentido para mim. Eu nunca perguntei a opinião dEle, sempre queria impor a minha e tinha dado absolutamente tudo errado até então. Pois bem, agarrei aquele conselho com todas as minhas forças e comecei.

CAPÍTULO 8

Finalmente conheci a Cristo

Eu sempre achei que Jesus tinha morrido pelos outros, não por mim. Eu não precisava de um salvador, porque eu "não pecava de verdade", mas tudo bem eu apoiá-Lo nessa causa. O inferno não fazia muito o meu tipo mesmo.

E, então, essa hipócrita religiosa começou a morrer.

O PECADO CONFESSADO PERDE FORÇA

Meu primo nos disse isso. Ali, eu me coloquei numa condição nula. De zero entendimento bíblico, zero conhecimento de Deus. Eu precisava começar do zero. Aquele Deus que eu aprendi na escola bíblica, quando criança, não poderia suprir a minha dor de adulta. Eu precisava de algo novo dEle, algo direcionado. Eu precisava ouví-Lo dizer meu nome para me sentir notada, me sentir vista, não mais abandonada.

Os dias seguintes foram uma mistura de anestesia com desânimo. Eu quase não tinha forças e, quando sobrava algo, usava para chorar. Lembro da minha prima me chamar, durante o dia, para saber como eu estava e minha resposta era sempre a mesma: "Quando eu começo a orar, Deus, eu desabo em lágrimas. Não consigo falar nada, só chorar, será que Deus vai me ajudar assim?". Ela sabiamente me disse em uma dessas vezes: "Thata, em Salmos 56:8, a Bíblia diz que o Senhor recolhe todas as nossas lágrimas e guarda em um odre."

Pois bem, meu odre deve ser um caminhão pipa, pensei.

É importante você saber que, embora estivesse doendo, eu obedeci. Eu absorvi as palavras de direcionamento e aconselhamento que recebi. Louvo a Deus por ter pessoas sábias no meu caminho.

Todos os dias, de manhã, era a mesma sensação. Assim que eu despertava, ao abrir os meus olhos, o primeiro pensamento e sentimento que vinha era "Droga, essa é a minha realidade. Não foi um pesadelo!". Lembro que, nos dias seguintes, eu acordava com uma angústia tão grande, onde eu sabia que, humanamente, nada poderia remover, pois não se tratava de algo do presente ou do futuro, mas sim do passado. Foi então que eu peguei a minha intocável Bíblia e orei: "Deus, o Senhor precisa me ajudar".

Eu não tinha muita noção da Bíblia. Eu conhecia as histórias principais, porém superficialmente. Não tinha esse entendimento histórico do plano perfeito de Deus desde o início com o povo de Israel, até chegar em Jesus. Eu conhecia alguns versículos isolados, passagens sem contexto. Então, eu decidi ler o livro de Jó.

Eu nunca fui muito paciente e, para mim, o livro falaria sobre isso, esse era o meu entendimento sobre o livro. Foi quando eu entendi, naquela manhã, enquanto eu devorava a história de Jó, que pessoas amadas por Deus sofrem. Jó sofreu. Jó questionou a Deus o porque, de tanto sofrimento, e por um período de tempo, não obteve resposta. Eu chorava com Jó, porque eu entendia a dor de um sofrimento não merecido. Jó também estava fazendo aquilo que era certo e, de repente, sofreu uma rasteira. Jó sofreu um golpe inesperado e aquilo também o fez cair em desespero. Jó estava gritando a Deus aquilo que eu só pensava dentro de mim e não tinha coragem de verbalizar, o "PORQUÊ" de tudo. Jó questionou por mim e também me ajudou a não ceder ao desejo de rebeldia, de justiça própria. Jó me ensinou a vencer a dor, enquanto minha fé, mesmo que invisivelmente, estava sendo fortalecida. A sensação de saber que Deus estava por trás desse mistério começou a ser maior do que esse emaranhado de dor. Eu comecei a deixar todo esse sofrimento me levar à presença de Deus, num estado de adoração. E, no final da leitura, eu sentia no meu espírito "aguenta mais um pouco..."

Os dias foram se passando e Deus me sustentava em todos eles. Raiva, nojo, asco, decepção, tudo isso eu colocava para fora logo de manhã e acreditava que Ele me fortaleceria para continuar até segunda ordem.

Durante essa fase, eu trabalhava 6 horas por dia. Saía às 14h do trabalho e, em 30 minutos, estava em casa. No dia 09 de janeiro de 2018, uma terça-feira, eu me lembro de, durante esse percurso dentro do ônibus, ser tomada por uma profunda vontade de chorar. Eu tentava ao máximo segurar, mas todo esforço era vão, só fazia piorar. Hoje, eu entendo o quanto estava vulnerável aos ataques mentais do diabo. Lembro-me de abrir a porta de casa, jogar a mochila no chão e cair junto ao lado dela.

Por Deus, se Ele me perguntasse naquela hora se eu queria que Ele me levasse, eu diria que sim. Absurdamente, a minha vida havia se resumido em toda essa desgraça e eu não via a possibilidade de uma restauração. E eu não digo só a restauração do meu casamento, pois, mesmo separada, eu achava impossível conviver com essa informação: **você foi traída**. Ele e ela vinham na minha mente, enquanto eu sonhava achando que vivia um conto de fadas.

Talvez você se espante, mas eu me lembro de muitos detalhes desse dia. Inclusive da sequência da playlist de louvores que tocou no aleatório do YouTube.

(Acesse a Playlist abaixo)

Novamente, minha prima me disse em uma mensagem:

Thata, a Palavra de Deus nos diz em Tiago 4:8 que se nós nos aproximarmos de Deus, Ele se aproximará de nós. Então peça a Ele que se revele a você!

Foi o que eu fiz, ao som de *Lugar Secreto,* da Gabriela Rocha, eu comecei com uma ira santa dentro de mim, a gritar: "Deus, a Sua Palavra está dizendo que se eu me aproximar de você, você se aproximará de mim, pois bem, aqui estou eu! Está me vendo? Está me ouvindo? Está percebendo tudo o que eu estou passando?" e comecei a cantar.

O louvor já tinha mudado para "Me Deixe Aqui", de Preto no Branco com Priscila Alcântara. Eu estava totalmente envolta em adoração, cantando aquela música que parecia ter sido escrita por mim, quando, de repente, uma voz, que vinha de dentro de mim com uma força e convicção que não me restou dúvidas (era Ele!) me disse:

"Em que outra situação eu te teria tão prostrada e humilhada assim?"

Eu caí de joelhos espantada, não podia crer. Deus havia acabado de falar comigo! Ele me ouviu, Ele me viu na minha angústia, Ele se achegou! Ele não estava alheio a tudo o que estava acontecendo, Ele estava no controle, Ele estava ciente, Ele permitiu, Ele fez como com Jó!

Logo na sequência começou o louvor do Fernandinho "Todas as coisas".

Eu me emociono só me lembrar o cuidado de Deus comigo, em todos os dias, claro, mas em específico nesse. Eu queria tanto uma resposta que Ele veio com uma enxurrada delas. Durante aquele louvor e ministração espontânea, eu fui começando a ter entendimento do que Deus estava prestes a fazer em mim enquanto eu era tomada por uma alegria SOBRENATURAL.

Vale destacar aqui que eu não conseguia comer há dias. Nada mais me descia. Eu estava fraca. Em poucos dias, havia emagrecido 5 kg, e isso era notável até para os meus colegas de trabalho. E então, ali, depois dessa experiência, eu comecei, na sala de casa, a pular e a coreografar "1000 Graus" do Renascer Praise.

"Mesmo estando em guerra, celebrando a minha vitória, eu te louvarei..." Eu me via diante de várias mulheres, transbordando de alegria. A sensação era tão difícil de conter, que eu troquei de roupa e fui para academia correr na esteira.

A partir daí, entenda que a oração, adoração, leitura da Palavra e busca por conhecimento de Deus cresceu constantemente. Pela manhã, eu já chorava e pedia que me ajudasse no decorrer do dia. Lembro-me de uma amiga que trabalhava perto de mim, com quem eu costumava me encontrar para conversar, geralmente quando saía do serviço. Ela me chamou para fazer isso, como de costume, para me ajudar a espairecer um pouco, naquele momento de dor, e me lembro da resposta que eu dei: "Lari, eu passo as 6h aqui do meu trabalho ansiando chegar ao fim do expediente e correr para casa ficar com o Espírito Santo. É o melhor momento do meu dia e eu preciso disso!"

Eu estava me apaixonando tanto por Ele. Só parava de doer quando eu estava com Ele. Tornei-me dependente. Estava me tornando íntima. A sensação era como se eu fosse uma bateria de celular viciada, que precisava ficar conectada à tomada. Eu precisava estar com Ele.

Embora esse relacionamento estivesse intenso e, dia após dia, Ele tratasse a minha alma curando minhas feridas e cuidasse de mim, eu ainda era muito imatura. Não adianta, maturidade é algo que virá com tempo e experiências e não simplesmente com uma unção, PAH, pronto, madura!

Eu me lembro de orar muitas vezes ao dia: "Senhor, posso separar ou o Senhor quer que eu continue? ". Eu fazia isso de manhã, todas as vezes que eu ia no banheiro do trabalho, chegando em casa à tarde, antes de dormir, enfim. Eu atormentei o Senhor com essa dúvida e adivinhem? Ele não me respondeu tão cedo. Óbvio. Uma que eu não estava preparada para ouvir a resposta e outra que Ele queria me tratar primeiro.

Durante essas tardes, nós visitamos muito o meu passado. Por conta da alergia que eu desenvolvi na infância e na adolescência, eu tinha raiva de Deus. Sim, raiva dEle e isso foi tratado. Por conta de ser colocada em uma escola de período integral quando minha irmã nasceu, uma falsa ideia de rejeição estava em mim, e isso também foi tratado. Lembro-me que enquanto eu adorava, feridas eram expostas e, então, eu me arrependia e confessava. Arrependi-me e confessei por todas as vezes que assisti pornografia, que me masturbei, que deixei ex-namorados me tocarem de forma indevida. Tudo. Eu chorava de vergonha e me arrependia amargamente enquanto todas as coisas vinham na minha mente.

O Espírito Santo faz isso com a gente. Ele nos convence do pecado, até mesmo aquele que nós havíamos esquecido, mas que por falta de arrependimento, Deus ainda não.

Foi Ele também que me direcionou a comprar um caderninho de meditação. As coisas estavam acontecendo tão rápido e intensamente que eu sentia a necessidade de deixar isso registrado, embora na época não entendesse o porquê. Eu ainda não sabia muito bem diferenciar quando algo era eu, e quando realmente era um toque do Espírito Santo, porque isso vem com a maturidade, então algumas coisas eu enrolava para fazer. O caderno mesmo eu protelei e teve um dia que eu tive que perder o ônibus para entrar em uma papelaria e comprar porque eu sentia uma sensação de extrema urgência. Depois, eu entendi. Quanto mais eu anotava, mais Deus falava. Quanto mais eu O honrava, demonstrando interesse por tudo o que Ele me dizia, seja diretamente ou por louvores, versículos e ministrações, mais Ele falava!

Esse livro é um resumo de 4 cadernos que eu escrevi durante dois anos e meio de caminhada com Ele.

Dentre algumas coisas que Ele me disse, diretamente, quando eu tentava argumentar o meu limitado ponto de vista, estavam: "Jesus também foi traído injustamente", "A sua história não é pra ser fofa, bonitinha e impecável, é para a minha glória!".

Outra coisa que também me doeu, mas me ensinou muito e, hoje, uso para ensinar outras mulheres foi ouvir dEle: "Eu não era a primeira coisa na sua vida, então eu toquei naquilo que era."

Deus quer ser o nosso primeiro e principal amor. Ele quer ser o nosso porto seguro, a nossa vida, a razão da nossa existência como muitas escrevem em suas legendas com seus namorados e maridos. Isso é sério. Deus deve ser a sua base. Se te tirarem tudo, você ainda permanecerá em pé, porque Ele é a sua estrutura, o seu fundamento. Isso é construir uma casa sobre a rocha. A casa é sua vida. A rocha é o Senhor. Todo o resto é mobília diante da essencialidade de Deus. Inverter as funções é perigoso a ponto de derrubar sua casa, derrubar você.

Durante esse processo, eu também firmei na igreja. Estava em todos os cultos, até porque, não me era tão confortável só ficar em casa com meu marido ainda. Então a igreja também se tornou meu refúgio por um tempo.

Diariamente, eu também me alimentava de Palavras pelo YouTube. Entenda, isso não é uma receita de bolo, mas a minha história, a história da Thamiris, e, para mim, ajudou muito!

O Apóstolo Luiz Hermínio, Tiago Brunet e Pastor Lucinho tiveram contribuições quase que diárias nessa caminhada. A indignação e os berros do Lucinho me tiravam desse lugar de auto piedade e vitimismo. O testemunho de volta por cima do Tiago me dava esperança de também conseguir um dia. Amava ouvir ele pregando sobre José! O Ap. Luiz Hermínio me ajudava, como ele mesmo diz, chapar na presença de Deus! Rs.

Deus e suas ferramentas. Sou grata a Ele por tudo e todos. Eu decidi sarar. Eu decidi não desistir e estou falando da minha vida, independentemente de como ficaria meu casamento. Eu decidi lutar por mim, me reerguer. Ser uma bênção, ser fiel. Não mais perder tempo. Aliás, decidi recuperá-lo!

A Palavra não fala que mil anos pra Deus é como um dia e vice-versa?

Pois bem. Eu que lute.

CAPÍTULO 9
O perdão

"Todos dizem que o perdão é uma ideia maravilhosa até que elas possuam algo para perdoar."
C.S. Lewis

Eu comecei a entender que o perdão seria uma decisão.

Não iria acontecer, como eu estava pensando, de eu olhar para cara do Dú e sentir: devo perdoá-lo ou ele merece o meu perdão. Até porque, convenhamos, perdão nunca será por merecimento, pois quem realmente merece, não nos magoa.

Independentemente do que Deus iria fazer conosco, eu precisava perdoar.

Estudei muito sobre isso. Ouvia muitas Palavras, lia e relia passagens dos evangelhos. Mas, o que realmente me ajudou nesse processo foi, diariamente, apelar para o Espírito Santo. Eu rasgava o meu coração que ainda tinha mágoa e ódio e dizia: "EU NÃO CONSIGO!".

A honestidade é tudo nesse processo. Deus não quer nossa perfeição, quer nosso coração, mesmo que Ele esteja sujo, poluído, carregado. Ele só pode ajudar quando realmente confessamos com sinceridade que não conseguimos sozinhos. Eu não tinha medo dEle me condenar por não conseguir, Ele estava vendo que eu não estava de fato conseguindo! Eu dizia que não conseguia não pensar, não lembrar e não desejar vingança.

Diariamente, eu colocava o lixo para fora, esse era o meu papel. A faxina foi com Ele. E entenda, foi um processo! Não foi da noite para o dia, de um mês para o outro. Foi um processo, onde diariamente eu dizia: "Deus, continuo não conseguindo. Tenha misericórdia da minha vida e me ensina a perdoar como Jesus."

Com o tempo, também comecei a me sentir incomodada em liberar perdão para elas, mais em específico, para aquela que se dizia minha amiga. Confesso que levei um tempo até aceitar essa ideia. Escrevia uma mensagem, relia, apagava, desistia. Até que eu entendi que, para vencer essa etapa e passar para a próxima e para poder ser usada por Deus com autoridade e sem peso, eu deveria fazer aquilo. Afinal, o perdão é a única maneira de avançarmos para os propósitos de Deus.

E foi o que eu fiz.

A reação não foi nada do que eu esperei. É claro, não esperava quebrantamento, mas também não esperava um ataque. Na cabeça e nas palavras dela, eu estava fazendo aquilo para aparecer e para mostrar aos outros.

Meu Deus, só Ele e eu sabíamos o quanto aquela situação me causava vergonha e falar aos demais era a última coisa que eu queria na vida! Descobri, ali, que ela tinha problemas mal resolvidos comigo e que eu não sabia. Pedi perdão pelas minhas falhas, pois também as tinha, e a liberei pelas dela, mas, como ela mesmo disse: "Espero nunca mais precisar falar com você. Adeus!".

A verdade é que só o fato de eu ser quem eu era, a feria. Nunca mais tivemos contato, mas mantenho-a nas minhas orações. Não porque sou uma pessoa boa, mas justamente porque não quero me tornar pior. Orar por alguém que te feriu é o melhor antídoto contra a amargura, vai por mim.

CAPÍTULO 10

A resposta

"Filha, sem a resposta que você quer, você ainda pode ser resposta pra muita gente!"

A essa altura, você já deve estar pensando: *mas que jogo de esconde-esconde é esse, porque Deus não responde?*

Calma aí. Ele já estava, sutilmente, me direcionando à resposta.

A frequência com que eu fazia a pergunta: "Posso separar ou quer que eu continue?" havia diminuído. Não porque eu tinha desistido de ouvir a resposta, mas porque todas as vezes em que eu perguntava, me sentia ridícula. Pra tentar amenizar, eu diminuí e reformulei: "O Senhor tem certeza que é pra eu continuar?".

Na minha cabeça, o testemunho de encontrar um novo homem de Deus e começar uma nova história seria tão impactante quanto o dEle restaurar aquele casamento problemático que eu já tinha. Porém, não precisa nem ser muito inteligente para fazer as contas e ver que Ele estava adiando o "balde de água fria".

A confirmação veio quando eu assumi que não havia mais um plano B. A verdade é que eu já tinha a resposta, mas ignorava. Reconheci, então, que Deus era o meu único plano e eu preferia o plano dEle que para mim, até então, daria errado do que o meu que aparentava ser o certo. Afinal, eu já tinha caído nessa cilada antes.

Faltavam alguns dias para o carnaval. Eu trabalhava em um setor aberto ao público, na prefeitura da minha cidade. Prestava atendimento a toda população. Em um dia desses, que não sei ao certo afirmar qual, eu estava no balcão de atendimento, quando chegou um rapaz para ser atendido e, enquanto eu fazia o procedimento, ele me interrompeu: "Moça, me perdoa, eu sei que você vai achar que eu sou maluco, porque a gente não se conhece, mas o meu coração está queimando e Deus quer que eu te entregue um livro. Posso trazer pra você amanhã?".

Eu gelei. Tremi. Travei.

Lembro de ter dito algo do tipo: "Pelo amor de Deus, em nome de Jesus, traz logo que eu estou precisando de uma resposta urgente de Deus pra minha vida!" (risos).

Preciso nem falar que nesse dia eu quase não dormi, né?

Na manhã seguinte, ele cumpriu a palavra dele e me trouxe.

Sinceramente?

Eu esperava um livro com o título "DIVÓRCIO, quando Deus nos libera para o novo" (isso existe?), mas não. Veio "A vida de Cristo", de Jefferson Carmo. *É sério isso, Deus?*, perguntava a Ele. *Espero que tenha algum capítulo pelo menos falando sobre isso*, pensava.

O rapaz, que hoje é meu amigo e irmão em Cristo, Igor, me entregou o livro e também um recado da parte do Pai:

"Deus quer que você deixe o controle nas mãos dEle, sem tomar de volta, independente das circunstâncias. Não queira resolver do seu jeito. Quando você perde o controle da sua vida, é aí que Deus pega! Não tem como dividir. Ou está com Ele, ou com você. Você tem um chamado, não negligencie ele! Deus está te dando muitas cicatrizes. Deus fará com você como fez com Jesus enquanto mostrava as feridas para Tomé. Você as mostrará para as mulheres e dirá: "Olhem! Podem tocar! Não me dói mais! Estão cicatrizadas!" Você será uma mulher de muitas cicatrizes e elas serão usadas por Deus para curar outras meninas."

(anotado na íntegra no meu caderninho)

Eu fiquei chocada com o cuidado de Deus. Ele parou a vida de uma pessoa para me entregar um recado. Com certeza, eu obedeceria!

Eu devorei o livro todo naquela mesma tarde. Basicamente, falava sobre a vida e as características do caráter de Jesus. Estava tudo ok, sem muita novidade, quando me deparei com o penúltimo capítulo: **O viver perdoando ao próximo**.

Confesso que comecei a ler na força do ranço. O capítulo dizia o quanto Jesus perdoava e orava por seus inimigos, por todos os seus algozes e que, como igreja e seu corpo, nós deveríamos fazer o mesmo. Falou sobre José, que com o perdão foi um instrumento de Deus para salvar toda a sua família e cumprir a promessa de Abraão. Quando eu já estava entendendo onde Ele queria chegar com tudo aquilo, o autor começou a falar sobre o testemunho de um casal americano, Michael e Marilyn Phillips. Um casal que frequentava uma igreja cristã, porém não conhecia Deus. Após aceitar Jesus em uma reunião informal, dessas tipo célula, na casa de uma colega que a convidou, Marilyn começou uma transformação de vida e as coisas em sua casa começaram a se dividir.

Eles tinham um casal de amigos da antiga igreja que frequentava sua casa. A mulher, sua melhor amiga com quem conversava e se abria, frequentemente acionava Michael para ajudar com uns reparos em casa, até quando seu esposo não estava. Adivinhem? O que estava oculto veio a luz.

Desculpa interromper a história dentro da minha história, mas me imagine agora, aos prantos, enquanto eu lia isso, ok? Pois bem, retomando.

Marilyn descobriu que o marido tinha um caso com sua amiga da igreja. Depois de um tempo confusa e buscando ajuda em vários lugares, ela buscou a Deus em oração e Ele disse: "Lute em oração pelo seu casamento, perdoe seu esposo e a mulher." Não vou dar detalhes da guerra espiritual dela, mas vou reescrever para você o último parágrafo, que enquanto eu lia, as lágrimas, livre e abundantemente, escorriam, sem qualquer tipo de esforço, pelo meu rosto:

Após a restauração, colocaram suas vidas à disposição do Senhor para ajudarem casais em crise. Em maio de 1983, nasceu o primeiro grupo de Casados para Sempre. Esse ministério começou a crescer nos Estados Unidos e atravessou fronteiras para crescer em outros países. Durante dez anos, o ministério foi chamado "Nova Shalom". Em 1993, seu nome mudou para "Marriage

Ministries International" (MMI). Hoje, o ministério está em todos os continentes, casais são restaurados e treinados para ajudarem outros casais em seus casamentos.

Pois bem. A confirmação que eu tanto esperava, porém não aceitava, acabara de vir. Não desista da opinião de Deus. Esqueça a ideia que Ele é engessado e só fala de uma forma. Ele pode usar qualquer pessoa para entregar recados, a jumenta de Balaão que o diga! (Números 22). Só busque a orientação e confie que todas os canais estão disponíveis para o agir dEle.

Confesso que, por um tempo, eu não considerei aquilo como a resposta final. Não só porque eu não queria, mas também porque me diminuía e pensava: *Deus jamais fará isso comigo, quem sou eu? Nações? Outros continentes?* Não sei, talvez essa não seja a resposta oficial de Deus.

Paralelo a esse sentimento de dúvida que ainda existia, o Espírito Santo nos conduzia num processo de restauração e eu, embora obediente, pensava: *Deus o quer transformado porque O ama, não necessariamente porque precisamos ficar juntos. Com ele ou sem ele, é importante que Dú seja transformado.*

Diariamente, eu lia versículos em voz alta com os nossos nomes incluídos. Li isso no material da Marilyn Phillips, que achei na internet, e meu coração queimou por fazer. O Espírito Santo me direcionava quais versículos adaptar e pronto, lá estava eu fazendo as fichas, como aquelas que o Faustão usa para ler as legendas das videocassetadas. Ali, nessa atitude simples, mas guiada pelo Espírito Santo, eu estava fazendo como Deus em Gênesis. Chamando à existência aquilo que ainda não existia. Lançando a Palavra, sabendo que ela não voltaria vazia.

Eu separei alguns para vocês pois acredito que será abençoador:

É necessário, pois, que o Eduardo seja irrepreensível, marido de uma só mulher, sóbrio, prudente, respeitável, hospitaleiro e apto para ensinar; não deve ser apegado ao vinho, nem violento, mas sim amável, pacífico e não apegado ao dinheiro. Ele deve governar bem sua própria família, seus filhos serão sujeitos a ele, com toda a dignidade.

I Timóteo 3:2-4

Thamiris e Eduardo serão o meu povo, e eu serei o seu Deus. Darei a eles um só pensamento e uma só conduta, para que me temam durante toda a sua vida, para o seu próprio bem e o de seus filhos e descendentes. Farei com eles uma aliança permanente: Jamais deixarei de fazer o bem a eles, e farei com que me temam de coração, para que jamais se desviem de mim.

Jeremias 32:38-40

A Thamiris e o Eduardo desenvolverão o fruto do Espírito que é amor, alegria, paz, paciência, amabilidade, bondade, fidelidade, mansidão e domínio próprio. Contra essas coisas não há lei.

Gálatas 5:22,23

A Thamiris e o Eduardo não se amoldarão ao padrão deste mundo, mas serão transformados pela renovação da sua mente, e serão assim capazes de experimentar e comprovar a boa, agradável e perfeita vontade de Deus.

Romanos 12:2

Porque sou eu que conheço os planos que tenho para vocês, Thamiris e Eduardo, diz o Senhor, planos de fazê-los prosperar e não de lhes causar **dano, planos de dar-lhes esperança e** *um futuro.*

Jeremias 29:11

Não sobreveio a Thamiris e ao Eduardo, tentação que não fosse comum aos homens. E Deus é fiel; ele não permitirá que vocês sejam tentados além do que podem suportar. Mas, quando forem tentados, ele lhes providenciará um escape, para que o possam suportar.

I Coríntios 10:13

O ladrão vem apenas para furtar, matar e destruir; eu vim para que a Thamiris e o Eduardo tenham vida, e a tenham plenamente.

João 10:10

Portanto, eu e o Eduardo submetemo-nos a Deus.
Resistiremos ao diabo, e ele fugirá de nós.

Tiago 4:7

E por aí vai. Dia após dia, em meus momentos de oração eu pegava meus *cards* com os versículos e declarava um por um. Deus foi tão bom comigo, que num momento de dor e confusão, através do seu Espírito, Ele me levou a semear corretamente.

É muito comum vermos pessoas em situações semelhantes, escolhendo um caminho de rebeldia e raiva contra o Senhor. Entendo a nossa humanidade, mas o caminho de humildade é o único que pode nos levar à cura e à restauração completa.

Se você chegou até aqui e, nesse momento enquanto lia, identificou que possui algum sentimento ruim contra Deus devido alguma circunstância contrária que Ele permitiu você passar, perdoe ao Senhor. Ele é o único que realmente te ama e que verdadeiramente pode e quer te ajudar.

CAPÍTULO 11

Crescer dói

Enquanto as coisas em casa estavam longe ainda de - ao meu ver - ficarem boas, Deus me tratava profundamente. Tratava minha religiosidade, minha incredulidade, minha rebeldia.

Certa manhã, enquanto eu orava sozinha, tomada pelo Espírito Santo, eu comecei a declarar repetidamente: "Eu quero ser como Jesus, eu quero ser como Jesus, eu quero ser como Jesus..." Até que Ele disse em meu espírito: "Jesus foi traído e perdoou seus ofensores, pois não sabiam o que faziam. Por mais que doesse, Jesus sabia que aquilo fazia parte do plano. Perdoe e aceite!".

Hoje, eu entendo que o processo de você aceitar que é uma pessoa ruim, que não consegue perdoar quem te ofendeu, é tão doloroso quanto a descoberta de uma ofensa. Nesses momentos, meu ego, que ainda estava sendo tratado, me lembrava de todas as vezes em que eu disse quando mais nova "TRAIÇÃO EU NÃO PERDOO". Sim, eu enchia a boca para afirmar isso!

Quando contei o que estava passando a uma amiga minha, a primeira reação que ela teve foi a de "Meu Deus!

Lembra que você dizia que traição você não perdoaria nunca?". Pois bem. Hoje, eu aprendi o peso e importância que nossas palavras têm. O diabo é especialista em pegá-las e nos fazer engolí-las. Ele pode até não ter poder sobre certas pessoas para que o que foi lançado se cumpra, mas ele tem poder sobre as circunstâncias.

Quantas mulheres estão hoje divorciadas porque, um dia, em um momento de discussão, disseram: "Se você fizer isso de novo, eu saio dessa casa!".

Dito e feito, lá estavam elas, pagando a língua por uma palavra que foi lançada "ao vento" e Satanás pegou.

Eu queria poder te contar uma história de evolução constante, sem recaídas, sem hesitações, mas não foi bem assim. Houve muitos dias em que eu quis desistir. Em que eu planejava um plano B na minha mente. Em que eu quase me apaixonava por outro cara e ficava mentalizando a vida perfeita com ele e, por alguns segundos (enquanto pecava), eu sentia que poderia ser feliz. Não foi fácil e rápido, mas em todos esses dias eu me voltava pra Deus. Confessava minha incredulidade, minhas inseguranças. Por vezes, eu dizia que não era capaz de perdoar e seguir em frente, e Deus, em seu infinito amor - e porque não dizer também, paciência - me dizia: "Sim, você é capaz. Você pode todas as coisas se eu te fortalecer. Eu não disse quase tudo, eu não disse só as coisas mais fáceis, eu disse TODAS as coisas."

Acho válido citar algo que Deus me disse e que virou uma chave, para uma nova fase nesse processo. Enquanto eu lia a história de Abraão levando Isaque para o sacrifício (Gn. 22), fui ministrada pelo Espírito Santo de Deus: "Você já disse que me ama, mas a forma de provar isso é me obedecendo. É você decidindo por fazer a MINHA vontade, mesmo quando a minha Palavra te dá a liberdade de escolha".

Pois é, minhas amigas, basicamente, Deus me liberou para decidir, dizendo: "Você pode se separar, isso não está errado diante do motivo e da minha Palavra. Mas, se você me ama, me obedeça e faça a minha vontade!".

Sabe, nós nunca iremos querer perdoar quem nos feriu por livre e espontânea vontade, porque esse desejo não é nosso, é do Senhor. Por isso, não basta orarmos pedindo somente para que Deus nos ajude a perdoar, mas também para que Ele nos dê um coração como o de Cristo.

Existe uma palavra liberada sobre a minha vida e essa palavra é de que o meu PASSADO teria uma unção para curar e libertar o FUTURO de muitos, através do poder de Jesus Cristo.

Mais do que confiar em mim, te peço que confie nEle!

CAPÍTULO 12

A obediência é a chave do futuro em Deus

Depois de tudo isso, enquanto eu relutava para permanecer em obediência, as coisas no meu secreto pareciam diferentes. Aparentemente, não estava tudo fluindo como antes e aí está uma chave poderosa: Deus age similarmente a uma partida de xadrez. Se Ele já te deu o direcionamento de um passo, Ele só dará o seguinte após a sua jogada. Basicamente, se Ele já liberou uma palavra sobre a sua vida, até que você obedeça, Ele aguardará a próxima jogada.

Deus já havia me dito o que fazer e eu estava obedecendo só por fora. Eu não havia saído de casa, então, eu estava obedecendo, mas o meu coração e algumas atitudes não condiziam. No fundo, eu pensava: *Já que eu não posso largar, então não vou me dedicar para fazer isso funcionar melhor. Quem sabe assim, ele larga de mim e fico livre!*.

Quanta ingenuidade! Para não dizer outra coisa, né?

Quem somos nós para achar que podemos enganar o Senhor ou burlar suas recomendações?

Pois bem, meu "tratamento" foi interrompido por mim mesma. Deus só iria continuar fazendo a parte sobrenatural dEle, enquanto eu estivesse fazendo a parte natural minha. Deus não quer nos tratar para que a gente possa então amar e perdoar completamente. Ele quer nos tratar, enquanto nós estamos exercendo esse amor e perdão. Não olhe para quem te feriu durante esse processo. Não olhe para você mesma durante esse processo. Não olhe para relação de vocês dois, atualmente, durante esse processo. Olhe para Deus! Ele é o teu refúgio e fortaleza. Mesmo que tudo esteja desmoronando, a Rocha Eterna, que é o Senhor, permanecerá em pé, imutável, invencível.

Ele é digno da sua confiança no escuro, somente mantenha os seus olhos fixos Nele e confie. Se Ele disse, Ele fará.

Entenda, o segredo, nesse processo todo, não é o quanto você conhece das escrituras, mas o quanto você as obedece. A falta de perdão e o desejo profundo pela justiça nos nossos padrões humanos corrompem o nosso coração e o mantém sujo. Pare e pense: por que fazemos faxina em nossas casas? Porque gostamos de morar em uma casa limpa! A faxina, por outro lado, é cansativa e, embora saibamos que é necessária, às vezes a adiamos. Depois de feita, qual a sensação? De paz e satisfação! Uau, como é bom morar em uma casa limpa e organizada.

Pois bem, Jesus não habita em corações sujos. Pelo menos não naqueles que decidem permanecer assim. Pare de adiar a faxina no seu coração enquanto fica mantendo-o com uma limpeza superficial, só de fachada.

A paz só vem depois de uma limpeza completa.

Se hoje o seu coração está sedento por esperança, eu vou dividir com você como ela veio até mim nos dias que mais precisei.

Lembro de uma ocasião em que eu havia já acordado cansada de guerrear. Eu ainda estava em guerra e havia vencido algumas batalhas, mas a sensação de continuar em outras novas estava me cansando. Eu queria um fim, eu queria um alívio, um respiro, dias de paz! E, com minha inexperiência, embora obediente, não conseguia ter uma visão de futuro como a do Senhor. Então, pela manhã, enquanto eu lançava sobre Ele todas as minhas ansiedades e o deixava cuidar de mim, eu orei: "Senhor, estou cansada de lutar sem saber onde tudo isso vai dar.".

Lembro que, no meu trabalho, eu estava atendendo um rapaz no balcão e, enquanto ele aguardava eu finalizar o procedimento, começou a cantar, baixinho mesmo, como quem cantarola para si, sem saber que estava sendo usado por Deus para me animar:

"Assim como o fogo refina o ouro, vem Tua obra em mim completar. Até que o mundo possa ver, Tua glória em meu rosto brilhar."

(Oferta Agradável a Ti - Cassiane).

Ah, como é bom servir a esse Deus! Como Ele cuida de quem deixa ser cuidado. Como Ele nos ama!

Agora, mais do que obediente, eu estava alegre! E isso é poderosíssimo. Obedecer é bom, mas obedecer em alegria é melhor ainda! É como se você abastecesse um carro flex com gasolina, depois de muito tempo estar só no álcool. Fica mais potente! Rende mais, você vai mais longe e, nesse caso, até mais rápido!

Quanto mais eu me rendia ao processo, mais Ele me motivava através do poder do Espírito Santo.

Uma das coisas que mais nos mantêm firmes diante de uma luta é ver que, além de sobreviver, estamos mantendo outros vivos.

Diariamente, eu pedia para que Deus me usasse para abençoar outras pessoas. Seja com uma palavra, com uma oração ou com meus ouvidos. Agora, eu sabia o que era sofrer e estava disposta a ajudar outros que precisavam. Eu estava sedenta por espalhar que é possível ter alegria em meio a tanta tristeza, alívio em meio a dor, paz em meio à guerra, porque eu tinha isso!

Lembro-me de uma ocasião, quando fui visitar uma amiga que havia acabado de fazer um procedimento cirúrgico. Deparei-me com a seguinte situação: ela e outra amiga dela estavam falando sobre uma terceira pessoa.

No caso, uma moça, esposa de um rapaz que havia trocado mensagens com elas. Essa esposa procurou-as para tirar satisfações após ver mensagens trocadas com seu esposo.

Eu lembro que, enquanto eu ouvia as duas indignadas com a postura humilhante dessa terceira mulher, o meu coração apertava e doía terrivelmente. Eu só não fazia o mesmo hoje, porque eu sabia exatamente como é ser essa terceira pessoa. Como é o seu coração ansiar pela verdade e recorrer a tudo e todos em busca de obtê-la. Ali, o Senhor me ministrou que Ele estava me separando como alguém que entenderia a dor das pessoas.

Eu amo o Senhor, porque Ele me amou primeiro.

Hoje, entendo a dor das pessoas porque doeu em mim primeiro. As pessoas não querem simplesmente confusão, elas querem a verdade! A verdade que liberta! E essa empatia só foi possível porque, um dia, doeu em mim primeiro. Tudo isso só me incomodava a ponto de eu orar diariamente pela vida de uma estranha, que eu não sabia nem como era o rosto, porque um dia doeu em mim primeiro.

Na maioria das vezes, a falta de perdão existe, porque não cumprimos o segundo mandamento mais importante: amar o próximo como a nós mesmos. Somos egoístas e queremos justiça, porque nos amamos muito mais a nós mesmos e menos (para não dizer quase nada) o nosso próximo.

Deus já sabe o que nos aconteceu e o que nos fizeram lá atrás e, acredite, Ele está cuidando disso! Mas, o que realmente importa é o que você está fazendo AGORA em resposta a tudo isso. Você está semeando amor e perdão para então colher a justiça de Deus? Ou está querendo aplicar e manipular a sua justiça, decidindo o que é melhor para você e os demais?

Nesse dia, eu entendi que, enquanto eu orava e ajudava quem precisava, Deus cuidava de mim e do meu casamento.

Paralelo a isso, é importante que você saiba que há alguém que não está nada contente com tudo isso: e esse alguém é o diabo. Ele não só está perdendo território na tua vida e na tua casa, como está vendo você invadir sem pedir licença outros territórios que são dominados por ele.

Fui muito atacada durante todo o processo. Seja com pensamentos, dúvidas, mentiras e até mesmo sonhos. Sim, lembro-me de uma ocasião em que sonhei que o Dú estava em uma festa. Era um tipo de balada e eu não estava com ele. Ainda no sonho, ele me liga, eu atendo e ele diz: "Tenho uma notícia pra te dar e ela não é boa, é que eu...". Nisso, eu acordei como se alguém tivesse me chacoalhando. Como se alguém me acordasse para acabar com o pesadelo. Deus me despertou e eu não tenho dúvidas de que foi por puro amor e bondade. O diabo estava usando aquilo que era o meu maior medo de acontecer e a minha maior insegurança quanto ao futuro para me desestabilizar e desencorajar. Mas, Deus é infinitamente maior e melhor e se encarregou logo de interferir.

Entenda isso: Deus prepara coisas e escapes grandiosos para aqueles que sabem esperar nEle. Ele começou a escrever uma nova história de amor e, no meu caso, não foi trocando o cônjuge! Ele refez a história com o homem da minha aliança, Ele começou a liberar um novo tempo para a minha família!

Acredite, Deus jamais desamparará aqueles que, de coração, clamam a Ele por um casamento saudável e uma família feliz. Porque esse projeto não é só nosso, é dEle!

Minha oração é que, ao ler esse livro, desperte uma LEOA em você! Pois, por mais difíceis sejam as circunstâncias, e, por mais razões que você tenha para viver com uma postura de gatinho do Shrek, eu quero que você se levante como uma leoa!

Busque incessantemente saber a vontade de Deus para a sua vida. Não imite o processo dos outros, viva o seu! Não viva a resposta dos outros, obtenha a sua!

Entenda: existe uma porção de força extra que Deus nos entrega junto com a revelação de Sua vontade para nós. E você precisa dela!

Ao ouvir o que Deus pensa, quer e deseja para a sua vida e sua família, se concentre nas promessas dEle e ore por estratégias do Céu para a sua casa!

Uma leoa não é considerada frágil, fraca. Não se conforme em ser aquela que revisita a dor do passado todos os dias e desperdiça o presente que Deus lhe dá: o hoje.

Lembre-se: cada um de nós faz parte de um plano, somos dotados de propósito e temos uma revelação da parte do Pai. Busque-a! Ele não vai te dar um mapa, mas vai te dar uma bússola. Ele não vai te falar como será todo o processo, mas com certeza te apontará a direção. Não espere que o universo conspire a seu favor, não irá. Mas, você tem ao seu lado o Criador dele e, mais do que conspirar, Ele te conduzirá e fortalecerá.

Confie. Ele nunca falha!

Mais do que te comover com a minha história, o meu objetivo com esse livro é te fazer entender que Deus é Majestoso, Poderoso, Soberano, Começo, Meio e Fim. Ele pode todas as coisas, inclusive, nos preparar um casamento e um futuro de paz (Jr 29:11). Se você não acreditar nisso, vai continuar tentando, dia após dia, fazer as coisas acontecerem na sua força e abraçar todas as oportunidades que o diabo preparar para você, pois seu pensamento será "não sei quando terei outra chance dessa."

Ei, você acha mesmo que Deus se esqueceria de você? Que Ele te daria alguém quebrado para que você consertasse, sendo que isso é papel dEle?

Abra mão do piloto e deixe Ele te direcionar.

As respostas que eu precisava sempre apareciam quando eu estava rendida em adoração e não quando eu O importunava pedindo. Se você não é capaz de adorar a Deus por quem Ele é, dificilmente saberá desfrutar de algo por pura graça.

Era enquanto eu O adorava, sem questionamentos ou dúvidas, que Ele me direcionava. Era quando eu colocava um louvor e não me preocupava em mais nada, a não ser fazer com que meus lábios cantassem uma verdade em meu coração, que eu O ouvia e obtinha direcionamento para tudo em minha vida.

Adoração é mais do que um momento, é um estilo de vida, e, sem ela, não há como viver para Cristo.

Abrace o seu sofrimento, não fuja ou evite. Abrace o processo de amadurecimento que Ele te proporciona.

Um dos benefícios da maturidade é que você fica feliz até com um "não" de Deus, porque já não importa sua própria vontade, você quer estar no centro da vontade dEle.

Há amor no não de Deus. Há cuidado naquela porta que você tanto quer, mas não se abre. Hoje, eu aprendi, pela dor, que o não de Deus é bem melhor do que o silêncio da vontade permissiva dEle. A dificuldade que às vezes enfrentamos, hoje é uma precaução para evitar uma ferida muito mais profunda lá na frente. É igual quando eu era criança e minha mãe me avisava que eu teria que tomar uma vacina que não era de gotinha, o pânico já se instaurava ali. Eu sofria antes, durante e depois, mas esse sofrimento imaturo em nada se compara com a dor que eu sentiria se não tivesse prevenica para quando a doença chegasse ou ameaçasse chegar.

Deus sabe o que é melhor para nós e Ele não trabalha com pílulas mágicas, Ele trabalha com PROCESSOS PERMANENTES. Já ouviu aquela frase de que "Tudo o que vem fácil, vai fácil?". Hoje, eu me posiciono na condição de não desejar outro caminho a não ser o dEle, porque o processo de amadurecimento desenvolveu isso em mim. Talvez, se tudo fosse tão simples, fácil e rápido, a minha fé seria muito mais volátil.

Eu não sei qual é o seu maior medo hoje, mas, com certeza, deveria ser o de não estar no centro da vontade de Deus, porque como eu já disse e não me canso de dizer: esse é o lugar mais seguro do mundo!

Eu não sei o que é melhor para mim, eu não sei me cuidar, me defender, mas Ele... Ele é perfeito e eu O amo independente dos *sins* e dos *nãos* que Ele me dá.

Lembra daqueles programas de auditório da década de 90, onde uma criança ficava em uma cabine à prova de som? O participante ficava ali com um fone e música alta, e, do lado de fora, o apresentador oferecia diversos prêmios. A resposta deveria ser SIM ou NÃO, quando uma luz acendesse na cabine, já que não era possível ouvir as perguntas. Não era possível saber o que o apresentador oferecia.

Eu sou como essa criança que confia plenamente no Senhor. Eu não preciso saber os prêmios, mas se Ele me sugere trocar minha bicicleta por outro prêmio que eu nem conheça, eu digo sim, porque diferente dos homens, Deus jamais me decepcionará! Ele não é como algumas pessoas que nós admiramos de longe, mas quando nos aproximamos, nós nos decepcionamos. Não! Ele é perfeito! Ele é leal! Ele enxerga tudo!

Gosto também da ilustração, onde estou em uma arquibancada posicionada para assistir um desfile. Eu assistirei a parte que passar na minha frente, correto? Deus está lá em cima, no terraço de um prédio próximo e, por isso, consegue ver a entrada, a passagem diante dos meus olhos e o desfecho. Então, claro, é óbvio, eu confiarei nEle!

Não há como eu te dar uma resposta coringa que servirá para todos os casos e muito menos te dizer se tal pessoa é ou não a pessoa de Deus para a sua vida, mas, com toda certeza, o nosso Deus que é soberano sobre tudo e todos e, ao mesmo tempo, pessoal, pode e quer te dizer!

Não seja orgulhosa, não estipule prazos com o Senhor. Adore e confie.

Essa é uma das decisões mais importantes da sua vida, não corra o risco de decidir sozinha. A frustração de ter que lidar com uma má escolha nossa é horrível e repito: Ele enxerga o desfecho lá na frente!

Solteiras! Não se iludam com a ideia de que "tal pessoa me ama tanto que jamais me decepcionaria". Isso não é nem de longe seguro!

A única característica que posso te afirmar que é imprescindível em um futuro cônjuge é: o amor dele por Jesus!

Entenda: quem só te ama ainda assim te decepcionará. Agora quem ama o Senhor, quem ama a comunhão com o Espírito Santo, sabe que Ele está conosco a todo momento e jamais desejará decepcioná-lo. É o amor pelo o Senhor que nos torna melhores, não o nosso esforço em amar com o amor desse mundo.

Um relacionamento feliz e saudável só é possível se formos a segunda coisa mais importante na vida de alguém, a primeira, deve sempre ser Cristo! Se ele não for fiel ao Noivo eterno, dificilmente será fiel com uma aliança terrena.

CAPÍTULO 13

Desfrutando da cura

Eu queria que esse livro tivesse só 12 capítulos, para ser bem profético, mas não deu (risos).

Eu sei, você deve estar pensando como nós estamos HOJE.

A resposta é: do jeito que eu SEMPRE SONHEI!

Sim, aquele relacionamento que eu tanto busquei na minha própria força e nunca consegui desenvolver, eu tenho hoje, graças ao poder restaurador de Jesus e à capacitação do Espírito Santo.

Nós dois somos novas criaturas. Eu também mudei e mudei muito.

Eu melhorei, eu me permiti ser tratada, eu escolhi ser vencedora e não vítima. E é por isso que, hoje, você chegou até a mim por meio desse livro.

O Dú também se abriu ao processo. No começo, eu sentia que precisava o arrastar para que as coisas funcionassem. A sensação era de que eu queria correr na direção que Deus estava me apontando, mas ele estava apenas caminhando. Eu me sentia como se estivesse fazendo a minha parte e também um pouco da dele. Após confessar e se arrepender, eu podia ver os frutos de arrependimento na vida dele, mas, mais do que isso, eu já queria ver ali um novo homem cheio do Espírito Santo e super "espiritual". As coisas estavam acontecendo, mas não do jeito que eu pensava que deveria e nem no ritmo que eu gostaria.

Por iniciativa própria, ele mesmo optou por se abster das redes sociais. Ele me acompanhava em todos os cultos, fazia suas orações e lia a Bíblia do jeito dele, mas eu não estava 100% satisfeita com esse desempenho. Eu queria mais. Eu queria vê-lo passar horas no quarto buscando, chorando, lendo vários capítulos, estudando, compartilhando o que aprendeu comigo. Eu fui muito rígida e imatura até entender que cada um tem o seu tempo. Comigo, as coisas foram muito intensas. Em uma semana Deus já estava se revelando a mim e eu mergulhei de cabeça. Mas com ele, não foi assim. Demorou até eu entender que não sou fiscal espiritual de ninguém, e que fazia parte do processo respeitar o tempo dele e a forma que o Senhor escolheu agir em sua vida. Se eu tivesse entendido isso antes, teria sido muito mais leve!

Ele imediatamente cortou os laços com o pecado, mas levou um tempo até que Deus construísse nele um homem exemplar, referência e cheio de Deus.

É muito importante que você também respeite o processo dos outros. Deus pode agir de forma milagrosa e instantânea, mas também pode trabalhar com processos mais demorados, o que não podemos duvidar é de que Ele está fazendo. No seu tempo e a sua maneira, mas está.

Nos mantemos firmes na igreja, nos envolvemos à medida que nos acionavam e isso foi muito bom. Como somos consolidados quando servimos... Como somos cuidados quando cuidamos das coisas do Senhor!

Nós também fomos discipulados de perto por nossos líderes e pastores. Os primeiros discipulados, que tínhamos o hábito de fazer em locais públicos, como por exemplo, em um restaurante japonês, foram constrangedores. Nós nos exaltávamos e estávamos sempre prontos para apontar as falhas um do outro, ao invés de focarmos nas soluções. Mas, como diriam os nossos líderes, valeu a pena cada vergonha que eles passaram conosco nesses momentos! Recebíamos ali conselhos de pessoas que já estavam maduras e experientes, e mais do que isso, que eram íntimas do Senhor e que acreditavam no que Ele queria fazer em nós e através de nós.

Deus também nos deu a estratégia de orarmos juntos todas as noites. No começo, morríamos de vergonha de fazer isso em voz alta com o outro ao lado, e para mim, era uma luta não usar esse momento para orar "indiretas" de coisas que eu queria que ele melhorasse. Mas vencemos. Diariamente, antes de nos deitarmos, nós nos ajoelhávamos um ao lado do outro na cama e consagrávamos nossas vidas e casamento ao Senhor. Pedíamos por força, por sabedoria, discernimento. Pedíamos para que Deus falasse conosco a respeito dos próximos passos, que usasse pessoas, lugares, circunstâncias, e foi um tempo poderoso!

Apesar de todas as dificuldades, Deus estava sempre presente com seus sinais, às vezes tão sutis, como por exemplo um anúncio publicitário na traseira de um ônibus com a hashtag #segueoplano.

Foi um tempo onde Deus quebrou todo o meu orgulho. E como eu precisava disso!

Não sei te dizer qual foi o momento crucial em que eu o perdoei, mas eu o perdoei. Eu tive meus momentos de desconfiança em que queria retroceder e dar uma de "fiscal" novamente, mas o Espírito Santo docemente me ensinou através das palavras do livro "Campo de Batalha da Mente", da Joyce Meyer, que eu deveria suspeitar de toda suspeita.

Sim, confuso, mas para mim foi libertador.

Quando suspeitamos de alguém, nós estamos criando um julgamento em nossa mente, e adivinhem? Julgar é pecado! Sim, Salmo 139 diz que o Senhor conhece nossas palavras antes mesmo de chegar-nos a boca, ou seja, Ele conhece os nossos pensamentos e, quando suspeitamos, estamos julgando em nossa mente! E eu não sei você, a essa altura do campeonato, eu não queria pecar contra o Senhor.

"Nossos pensamentos são palavras silenciosas que apenas nós e o Senhor ouvimos e tais palavras afetam o nosso homem interior."

Joyce Meyer - *O Campo de Batalha da Mente*

A confiança foi restabelecida, ou melhor, estabelecida. Confio hoje como nunca confiei. Como? Simples: Eu vejo Jesus na vida dele. Eu vejo frutos de arrependimento, eu vejo uma **nova criatura**.

Entenda, milagre não é só tumor que desaparece ou morto que ressuscita: é também transformação plena de caráter!

Eu não precisei pedir para ele parar de esconder o celular ou levar consigo a todos os cômodos. No começo era tentador, confesso, não checar para saber se estava tudo certo, afinal, eu só queria dar uma mãozinha ao Senhor, vai que né... mas todas as vezes em que eu caía nessa tentação de procurar algo (e não achar!), me vinha um peso por saber que eu estava desconfiando não só dele, mas também do Senhor, e de tudo o que Ele disse que estava fazendo.

Hoje nós temos uma relação saudável, de parceiros e cúmplices que não têm nada a esconder um do outro. Ele tem acesso a tudo da minha vida e eu da dele, e confesso que, mesmo sabendo que temos, parece não fazer sentido controlar. Isso porque sabemos que não existe ninguém melhor para fazê-lo se não o Espírito Santo de Deus, que da mesma forma que Ele me constrange quanto as minhas falhas, sei que também o faz com meu esposo.

Depois de sentir que havia me livrado do peso da mágoa, eu precisava focar em desenvolver o amor. Parece estranho, mas eu acredito que o que eu sentia antes por ele era muito mais uma obsessão, por medo de ficar sozinha ou de ser feita de boba, do que amor propriamente dito. Em I Coríntios 13, o tão conhecido capítulo que fala sobre o AMOR, diz o seguinte no verso 7: "Tudo sofre, tudo crê, tudo espera, tudo suporta." (NVI), e eu quero te dizer que esse amor mencionado, o amor puro, bíblico, real e verdadeiro, que aprendemos com Jesus, não espera o pior das pessoas, ele espera o melhor! Eu posso até correr o risco de me decepcionar com alguém vivendo e crendo nisso, mas eu não quero decepcionar o Senhor! Hoje sei que o amo verdadeiramente porque espero o melhor dele. O melhor marido, o melhor pai, o melhor amigo. E estarei ao seu lado para auxiliar nessa grande tarefa.

Essa é minha família. Esse é meu esposo amado (até eu me estranhei agora), mas quero que você se encha de esperança.

Escrevo esses parágrafos finais com o fruto de todo esse processo e amor restaurado em meu ventre. Matias, o nosso primeiro filho! Matias significa "oferta, presente de Deus". Na Bíblia, ele foi o apóstolo escolhido para substituir Judas, o traidor. Ele representa um novo tempo, uma nova fase, e assim acreditamos que será.

Que desperdício seria se tivéssemos deixado Satanás ou o nosso próprio ego definir o nosso futuro! **Deus transformou a nossa desgraça em graça** e a minha história não é só por amor a mim, mas por amor a vidas! Ele quer que você saiba que Ele pode todas as coisas. Ele ama a sua família!

"Façam tudo o que ele lhes mandar".
João 2:5

Agora, eu quero orar por você:

"Pai, eu gostaria de apresentar agora a vida dessa minha irmã ou irmão que acabou de ler este livro. Peço que, da mesma forma em que eu me abri sem reservas para um relacionamento Contigo, que essa pessoa que me lê seja profundamente tocada e impelida a isso. Nós te damos liberdade para fazer o que o Senhor tem de fazer em nós e na nossa vida.

Peço que teu Espírito Santo consolador possa ajudar nos dias difíceis, consolar diante das dores e fortalecer em meio às fraquezas. Sei o quanto esse processo não é fácil, mas também sei o quanto é possível tendo o Senhor nos guiando. Faça da dor da minha irmã ou irmão uma mensagem de transformação e restauração com unção de cura para muitas outras pessoas.

Molda-nos e usa-nos, para que O teu nome seja exaltado e engrandecido através das nossas vidas. Em nome Jesus Cristo. Amém!"

Sobre a autora

Thamiris Campana é graduada em Publicidade e Propaganda, mas atualmente não atua na área. É funcionária pública na empresa de abastecimento de água e saneamento da sua cidade, mas sabe que temporariamente. Casada com Eduardo e mãe do Matias. Desenvolve, hoje, um trabalho de aconselhamento de meninas e mulheres, na área sentimental, através de vídeos no YouTube, TikTok e conteúdos no Instagram.

@thamiriscampana